保険セールス成績アップ読本◎初級編

お客様が思わず納得して契約したくなる
獲れる！ 生命保険のセールストーク

保険ビジネス研究所［著］

近代セールス社

はじめに

現場の皆さま、毎日の活動ご苦労様です。

「保険ビジネス研究所」は保険や共済の「売り方」を研究している所です。

本書は「お客様が思わず納得」するようなトークをいくつかご紹介しています。


保険や共済は「良いプランが設計できれば成約率が上がるのか」というとそうではありません。どんなに良いプランを設計しても、その良さをお客様に納得してもらわないかぎり成約率は上がりません。

同じお客様に同じプランを提案しても、担当者が違えば成約率は全く違います。もっと言えば、同じ担当者が同じお客様に同じプランを提案しても、その時の話し方が違えば成約率は違います。

保険や共済は、話し方1つ、切り口1つで成約率が大きく違ってきます。

「なぜ、このプランが良いのか」「なぜ、今提案しているのか」、お客様が納得するトークが重要です。

そういった理由から当社ではトークの研究にも力を入れています。

当社では、《トーク》＝《お客様が思わず「必要だな」「入りたいな」と思うような話し方》と位置づけています。

では、商品説明はトークでしょうか。

その商品説明を聞いてお客様が思わず「必要だな」「入りたいな」と思えばトークですし、思わなければトークとは言えない、と当社では位置づけています。

また、トークはまずセールス担当者自身が納得することが大切だと思っています。

セールス担当者が本当に納得していれば、トークの細かい点が未熟であっても全体にパワーがあります。

本書ではいくつかのトーク例をご紹介しましたので、ご自身のトーク作りにお役立ていただければ幸甚です。

本書の出版にあたりまして、近代セールス社の皆様にご尽力いただきましたことを厚く御礼申しあげます。そして、本書をお求めいただきました皆さまの益々のご活躍とご健勝を心よりご祈念申し上げます。

２００４年９月

保険ビジネス研究所　所長　稲田良雄

本書の使い方

本書は、一冊まるごとセールストークになっています。
章ごとに5つずつの基本トーク例をご紹介しています。
見出しなどを除いて頭から読んでいけば1つのセールスークになっています。

- ☐トークを組み合わせて、自分のトーク作りにお役立てください。
- ☐トークはストーリー（流れ）が大切です。
- ☐トークの上手な優績者は、名ストーリーテラー、名シナリオライターと言われます。
- ☐面談がハッピーエンドになるようなストーリー、シナリオを作ってください。

ポイント【1】基本的なトークをベースにトークを組み立てる

①セールストークは、基本的なトークをベースに組み立てましょう。
②基本的なトークの方が一般の人には分かりやすく、トークにパワーがあります。
③テクニカルなトークやマニアックなトークは、ベースにしないようにしましょう。専門的なトークは、基本トークの中にキラッと散りばめるから格好が良いと思います。

④一般のお客様は保険の知識はあまりありませんから、お客様があまり頭を使わずに理解できるトークをベースにしましょう。（時々詳しい保険知識をお持ちのお客様もいますが、往々にして偏った知識であったり、部分的な知識であることが多いようです。）

⑤セールス担当者はいつも保険のことを考えていますが、お客様はそうではありません。セールス担当者が納得していても、お客様が理解できないトークは、厳しい言い方をすれば「自己満足トーク」になってしまいます。「保障」というものを一般の人にも分かる言葉と表現で説明しましょう。

ポイント［2］ニーズ喚起はイメージ（連想）させること

①「保険は形がないから、目に見えないから売りにくい」と言いますが、一番売りにくい要因は「試しに使ってみれない」ことだと思います。ですから、必要性（ニーズ）を分かってもらうためには、お客様がどれだけ必要性を現実のものとして認識できるかが大切です。イメージ（想像）させることが重要なポイントです。

②プランの「仕組み」を説明するのではなく、そのプランが「どういう時にお役に立つのか」、「加入していればどういうふうに助かるのか」、「加入していないとどんなふうに困ることになるのか」を、お客様がリアルに想像できるようにトークを組み立てま

しょう。

③ちなみに、「加入していればどういうふうに助かるのか」を肯定的連想手法（ポジティブアプローチ）、「加入していないとどんなふうに困ることになるのか」を否定的連想手法（ネガティブアプローチ）と言います。

ポイント【3】「マネープラン」だけではなく「リスクヘッジプラン」「ライフプラン」も

①「お金と上手につきあいましょう」というのがマネープラン、「予想されるリスクに備えましょう」というのがリスクヘッジプラン、「リスクに備えて『こんなはずじゃなかった』と言わないで済む悔いのない人生を送りましょう」というのがライフプランです。

②「保障」は他の金融商品よりも、「リスクヘッジ」や「ライフプラン」的要素が強い金融商品です。それをお客様に伝えて欲しいと思います。

ポイント【4】とにかく「分かりやすい」を心がける

①話し言葉と書き言葉は違います。基本的に、トークは耳だけで聞き分けられなければなりません。ですから、話し言葉のセールストークを練習しましょう。

②一文は短く。難しい単語は使わずに表現も分かりやすい言い回しを使いましょう。

③大切なことは繰り返しましょう。「3回繰り返してやっと通じる」と言われています。
④お客様に「分かりやすい」と言われることを目指してください。保障は分かり易く話せば、それだけで成約率は上がります。
⑤ゆっくり話すことも重要なポイントです。話す側（セールス担当者）は自分の知っていることを話すわけですから、どうしても早口になり易くなります。聞く側（お客様）は知らないことを聞くわけですから、1つ1つ確認しながら聞かなければなりません。本当は普段の会話のスピードよりゆっくり話さなければならないのです。
⑥易しい言葉を使って、ゆっくり、大事なことは繰り返し話しましょう。
⑦ただし、例え話や実例を引用して話す場合は、普段の会話のスピードでもお客様は理解できます。実は、例え話や実例というのは、お客様が一番イメージ（連想）しやすいのでニーズ喚起には大変効果があります。大いに使いましょう。

ポイント［5］練習も重要

トークは練習もとても大切です。良いシナリオ（台本）ができても、話す役者が慣れていなければうまく話せません。名優といわれる役者さんでさえも台本片手に練習するのですから、新しいトークができたら十分に練習しましょう。

目次

目　次

第4章　介護保障

第5章　老後保障

第6章　女性の保障

本書は、保険業法のほか募集活動に関わるさまざまな法律等の主旨に則り、適正な募集活動が行われることを目的としてまとめています。

また、特定の保険会社及び保険契約についてことさらに推奨したり誹謗中傷したりするものではありません。

実際の募集活動に当たっては、収集したお客さま情報の管理・活用について適正に取扱うとともに、お客さまに誤解や不利益を与えないよう正しい商品表示及び説明を行いましょう。

第1章

保障とは

「生命保険と損害保険」「預貯金と株と保険」「国の保障、企業の保障、個人の保障」「医療保障、死亡保障、老後保障」などの違いを最初に説明すると、お客様は保険の位置づけを理解します。

(トーク01)「保障」とはどういうものなのでしょうか
(トーク02)「預貯金」と「株」と「保障」、それぞれ特徴があります
(トーク03)私たちは3つの保障で必要保障を準備すれば良いのですが…
(トーク04)どうして「国の保障」と「職場の保障」が薄くなっていくのでしょうか
(トーク05)「医療保障」と「遺族保障」と「老後保障」をお考えください

トーク01 「保障」とはどういうものなのでしょうか

✤「保障」と「補償」は経済的な備えです

保険や共済のことを「保障」と言ったり、読み方は同じでも「補償」という字を書いたりしますが、いったい「保障」や「補償」とはどういうものだと思いますか。

生命保険では「保障」、損害保険では「補償」という字を使うことが多いのですが、「保障」も「補償」も、病気や事故、または火事や台風などの災害にあった時に、お金が支払われるシステムのことです。

長い人生の中には、思わぬ不運が降り掛かることもあります。

「保障」や「補償」は、もし不運が降り掛かったとしても、それを乗り越えて強く生きていけるように、という経済的な備えです。

✤必要な保障（補償）は「人の保障」と「車の補償」と「家の補償」の3つです

日常生活の中で必要な保障（補償）は大きく分けて3つです。

◎1つは「人の保障」ですが、
人が病気やケガをした時などにお金が支払われるのが、人の保障です。
治療費などで出費が増え収入が減ることなどに対する経済的な備えです。

◎2つ目は「車の補償」ですが、
車で事故を起こした時などにお金が支払われるのが、車の補償です。
事故で相手の人を傷つけたり物を壊した時の賠償に対する経済的な備えです。

◎3つ目は「家の補償」ですが、
家や家具や電化製品が壊れた時などにお金が支払われるのが、家の補償です。
家や家財道具の修理や再購入に対する経済的な備えです。

✤人の保障は見直すことが必要です

この3つの中でも「人の保障」は、一生の中で何度も見直すことが必要です。加入した時に良いプランも、子供の成長や環境の変化によって適切なプランが変わるからです。

例えば、仕事を変われば「職場の保障」が変わりますので、個人で加入している保障を見直す必要が出てきます。

また、ローンで住宅を購入した場合など、住宅ローンを組む時には契約者が死亡した場合にローン残金が相殺される保険に加入する場合が多いので、その分、個人で加入している保障を減らすこともできるからです。

セールストークは流れ（順番）が大切！

～流れの骨組みを理解して肉付けしましょう～

トーク01 のまとめ

「保障」は思わぬ不運が降り掛かった時の経済的な備え

↓

必要な保障（補償）は「人の保障」「車の補償」「家の補償」

↓

「人の保障」は一生の内で何度も見直すことが必要

トーク02 「預貯金」と「株」と「保障」、それぞれ特徴があります

✤「預貯金」と「株」と「保障」の3つの金融商品で経済的な備えを

保障のことを少し専門的に話しますと、「保障」は保険料（掛金）というお金を保険会社に預けて、給付金や保険金というお金を保険会社から受け取ります。お金を預けてお金を受け取りますから「金融商品」です。

金融商品と言えば「預貯金」や「株」なども金融商品ですから、経済的な備えは「保障」でなくとも「預貯金」や「株」でもできます。それぞれに特徴がありますので、それを分かって利用しましょう。

○預貯金は？

「預貯金」などは預けたお金が減りませんが、大きく増えることもありません。今のよ

うな低金利時代は増えることはあまり期待できませんが、確実に貯めることができます。
○株は？
「株」などは運が良ければ大きく増えますが、運が悪ければ大きく減ってしまうこともあります。
○保障は？
では「保障」はどういう特徴があるのかと言いますと、実は保障は運が悪い人ほどお金が大きく増えて戻ってきます。例えば、月の掛金を千円払って加入した人が、翌日に運悪く交通事故にあって亡くなり1千万円をもらったような場合、たった1日で掛金が1万倍になったことになります。1日預けただけで1万倍になるような金融商品は他にはありません。預貯金で1千万円貯めるのは大変ですが、「保障」は入ったその日から満額が約束されます。

「保障」は、なぜ不運な人ほどお金が支払われるのかというと、不運なことがあると本人やその家族が経済的に困った状況になることが多いからです。そういった予測できない突然の、経済的に困った事態に備える金融商品が「保障」です。

「保障」は『悲しみの後に、貧しさが来ないように』と作られた金融商品なのです。

✤「保障」は備えるための金融商品です

ですから、◎「預貯金」は…『貯める』ための金融商品
◎「株」などは…『増やす』ための金融商品
◎「保障」は……『備える』ための金融商品　と言われます。

「預貯金」「株」「保障」、それぞれに特徴があり、用途が違いますから、「保障」の掛金を削って「預貯金」などに回す場合は注意が必要です。また「保障」を満期金や解約金の額だけを見て判断することも注意が必要です。

✤「保障」は精神的な支えにもなります

不運はいつ誰に降りかかるかは分かりません。けれど、いったん降りかかれば本人も家族も大きな不安に襲われます。そういった時に経済的な備えがあるということは精神的な支えにもなります。ですから「保障」は、「経済的な備え」だけでなく「精神的な備え」だとも言われるのです。「安心を買う」『御守り』と言われるのはそういうことです。

セールストークは流れ（順番）が大切！

〜流れの骨組みを理解して肉付けしましょう〜

トーク02 のまとめ

金融商品には「預貯金」と「株」と「保障」があってそれぞれ特徴があります

↓

「預貯金」は『貯める』ための金融商品
「株」などは『増やす』ための金融商品
「保障」は『備える』ための金融商品

↓

「保障」はいつ誰に降り掛かるか分からない不運に対する『備え』だから，他の金融商品と横に並べる時は注意が必要です

トーク03 私たちは3つの保障で必要保障を準備すれば良いのですが…

✤「国の保障」「職場の保障」「個人の保障」

「保障」と一口に言っても、大きく分けて3つの種類の保障制度があります。

◎まず、「国の保障」です。
国が運営している健康保険や公的年金などのことで、保障内容は決められていて国民の義務として強制加入です。

◎次に「職場の保障」があります。
職場が準備している傷病手当てや退職金などのことで、

保障内容や加入条件は職場によって決められています。

◎そして「個人の保障」です。
個人で加入する保険や共済などのことで、
保障内容はプランによって違い個人の意思で加入します。

会社員の方や公務員の方は、この3つの合計で必要な保障額を備えることになります。自営業の方など「職場の保障」がない方は、その分「個人の保障」で補充することになります。また、「国の保障」も会社員や公務員の方より薄くなるケースが多いので、その分も「個人の保障」で補うことになります。
仕事を変われば「職場の保障」も変わります。同時に「国の保障」までも変わる場合がありますので、注意が必要です。

✤『自助努力の時代』『自己責任の時代』とは

実は、今まではこの3つの保障のバランスがとれていましたが、このところ「国の保障」や「職場の保障」の状況が年々薄くなってきています。3つのうち2つの保障が薄くなってきているので、その分「個人の保障」を増やしていかなければならなくなってきています。ですから、これからの時代は「自分で自分を助ける努力が必要な時代になる」ということで『自助努力の時代』と言われています。

また、「個人保障」は、どの会社の、どの団体の、どの保障プランを選ぶのかは個人の自由なのですが、それは同時にそれを選んだ責任も個人にあることになるので、これからの時代は『自己責任の時代』でもあると言われます。

『自助努力の時代』『自己責任の時代』というのは、「自分と家族のことは自分で守ってください」ということです。

セールストークは流れ（順番）が大切！

～流れの骨組みを理解して肉付けしましょう～

トーク03 のまとめ

「国の保障」と「職場の保障」と「個人の保障」の３つで必要な保障を準備します

↓

「国の保障」と「職場の保障」が薄くなってきているので「個人の保障」を増やす時代です

↓

だから『自助努力の時代』『自己責任の時代』と言われています

トーク04
どうして「国の保障」と「職場の保障」が薄くなっていくのでしょうか

✤「国の保障」が薄くなっていく理由

「国の保障」と「職場の保障」は今後、薄くなっていきます。ですから、これからは「個人の保障」が今まで以上に必要になってきます。

「国の保障」がどうして薄くなっていくのかと言いますと、主な理由としては、日本の国が「少子・高齢化」だからです。

「少子・高齢化」というのは一つの言葉のようですが、子供の人数が減ってきている「少子化」と、高齢者が増えてきている「高齢化」は実は別々のものです。国によっては「少子化」だけの国、「高齢化」だけの国があります。日本はそれが両方一緒に進んでいます。しかも急速な勢いで進んでいます。

少子・高齢化は、「国の保障制度」にとってはダブルパンチなのです。

なぜダブルパンチなのかと言いますと、「国の保障制度」は基本的に現在の勤労者から掛金を徴収して現在必要な人に配分していますので、「少子化」が進むと掛金を納める人数が減っていきますから国に集まるお金が年々減っていきます。そして「高齢化」が進むと年金をもらう人数が増え老人医療費も増えていきますから、国からの支払う件数は年々増えていきます。入ってくる金額が減って出ていく件数が増えるのですから、保障内容を薄くするしかありません。

✤「職場の保障」が薄くなっていく理由

では「職場の保障」の方はなぜ薄くなっていくのでしょうか。それは「企業のグローバル化（国際化）」が大きな要因だと言われています。これまで、日本の企業は国内の企業と競争をしていればよかったのですが、これからは海外の企業と競争をして勝っていかなければならない時代になってきています。モノの値段は経費がかかると高くなりますが、日本人の人件費は世界的に見てかなり高いと言われていますから、この人件費を含めた経費（コスト）をいかに減らしていくかが、日本企業の大きな課題になっているのです。

これまで日本の企業は次の3つの特徴があると言われていました。
①まず「終身雇用」。
1つの職場に定年まで勤め退職金も多かったので、老後の生活設計が立てられました。
②そして「年功序列」。
年々給与がアップしましたので、将来の収入が予測でき、生活設計が立てられました。
③最後に「手厚い福利厚生」。
社宅や制服貸与、各種手当などがあったので、生活費が助かりました。


この3つの特徴がこの頃は随分状況が変わってきています。この3つはいずれも人件費を押し上げる要因になりますので、人件費を抑える方向に大きく変わってきています。

雇用形態も変わってきています。「終身雇用」ではなく、正社員を減らして契約社員や派遣社員、パートタイマーを増やしたり、退職金制度を廃止する企業も出てきました。

給与形態も変わってきています。「年功序列」ではなく、能力主義、成果主義、年俸制、実績査定などになってきました。

福利厚生などもかなり削られてきています。社宅や保養施設は売却、社員食堂も閉鎖され、この頃は各種手当をなくす企業も出てきました。

セールストークは流れ（順番）が大切！

～流れの骨組みを理解して肉付けしましょう～

トーク04のまとめ

「国の保障」が薄くなっていくのは
「少子化」と「高齢化」が要因

↓

「職場の保障」が薄くなっていくのは
「企業の国際化」が要因

トーク05 「医療保障」と「遺族保障」と「老後保障」をお考えください

人の保障をお考えになるときは、「医療保障」「遺族保障（死亡保障）」「老後保障」の3つの保障をお考えください。

✤「医療保障」は、大きな病気やケガをした時の治療費、収入補填

まず「医療保障」ですが、大きな病気やケガをした時は、肉体的な苦痛や精神的な苦痛に加えて、経済的な負担も伴います。治療が長期になれば医療費や入院費などがかさみます。また、その間仕事ができなければ収入が減ります。

病気やケガが治っても身体に障害が残る場合があります。障害状態になってしまうとそれまでの生活は一変します。障害の程度によっては仕事を辞めたり変わらなければならな

いかもしれません。家族の助けがないと日常生活もできないかもしれません。「障害は生涯」と言われ、その状況がずっと続くことになります。以後の将来設計を立て直さなければなりません。

だから「医療保障」は大切です。病気やケガに負けずに生きていくための備えです。

✤「遺族保障（死亡保障）」は、残された家族の生活費

次に「遺族保障」または「死亡保障」ですが、収入を得ていた人が亡くなるとその後その分の収入は途絶えます。その収入で生活していた家族は経済的に困ることになります。家族は頼りになる人を失うという精神的なダメージと、収入を失うという経済的なダメージの両方を受けることになります。精神的ダメージは手当てできませんが、経済的ダメージは手当てできます。

「遺族保障」または「死亡保障」は家族が困らないための備えです。

✤「老後保障」は、定年後引退後の生活費

そして「老後保障」です。仕事をしている間は収入がありますが、定年後、引退後は仕事からの収入はなくなります。収入はなくなりますが、もちろん生活費はかかりますから、その生活費を準備するのが「老後保障」です。

人生設計で一番難しいことは「老後の生活設計」だと言われます。なぜかと言いますと、何歳まで、どういう状況で生きるのかが誰にも分からないからです。誰でもお金に困らない老後を送りたいのですが、その期間が分からないので一体いくら必要になるのか分からないのです。また、年とともに病気やケガもしやすくなりますから、もし自分のことが自分でできなくなったら人の世話にもならなければなりません。そうなれば介護費用もかかります。

「老後保障」は預貯金などの他の金融商品の活用も考えながらお考えください。

セールストークは流れ（順番）が大切！

～流れの骨組みを理解して肉付けしましょう～

トーク05 のまとめ

「医療保障」は、病気やケガに負けずに生きていくための備えです

↓

「死亡保障」は、残された家族が困らないための備えです

↓

「老後保障」は、定年や引退で収入がなくなった時への備えです

第2章

遺族保障（死亡保障）

お客様の顕在ニーズからいえば一般的には「医療保障」「老後保障」「死亡保障」の順になりますが、死亡保障は保険システムの根幹です。必要性を訴求できるトークを持ってください。

（トーク06）ご主人様の保障額を決める時にはこんなことを確認してください

（トーク07）ご主人様の保障額を決める時は以下のことを参考にしてください

（トーク08）父親は家族に対して2つの役割があります

（トーク09）生命保険の見直しは車の買替えに似ています

（トーク10）生命保険は最も簡単な遺言だとも言われます

トーク06

ご主人様の保障額を決める時にはこんなことを確認してください

✤保障額を決める時の確認ポイント

ご主人様に万一のことがあった時、ご家族は精神的に大きなダメージを受けるだけではなく、経済面での大きな不安がおそってきます。今までと同じような生活を続けることができるのか、それとも今までの生活が一変してしまうのかは、残してくれた保険の額によって違ってきてしまいます。ですから、保障額を決める時は、いくつかの生活費に関するポイントを確認しておく必要があります。

✤住居費について

まず、ご主人様に万一のことがあった場合、お住まいはどうされますか？

今のお住まいにそのまま住み続けることができますか。それとも引っ越さなければなりませんか。

今のお住まいが持ち家でローンが終わっている場合、またはローンが残っていても団体信用保険に加入していれば住宅ローンの残金は相殺されますので、そのまま住み続けることが可能です。けれど賃貸の場合はずっと家賃を払っていかなければ住み続けることはできませんので、保障額に住居費を含めなければなりません。また、ご主人様の会社の社宅にお住まいの場合は、社宅は出なければならないでしょうから、賃貸の方と同様に家賃代を保障額に含めなければなりません。

✤妻の収入について

それから、ご主人様に万一のことがあった場合、奥様はお仕事をされますか？

ご主人様の収入は途絶えるわけですから、奥様の収入によって必要保障額も変わります。

今は専業主婦であってもすぐにお仕事ができるようであれば、その分、保障額を減らすことができます。逆に、現在お仕事をされている方でもその仕事を続けられない、または長くは続けられないようでしたら、その分、保障額は増やさなければなりません。奥様の場合はいかがですか？

ご主人様の中には「私に何かあったら妻が働くでしょう」とおっしゃる方もいらっしゃいますが、実際、働こうと思ってすぐに働けるとは限りません。奥様の収入の道についても確認してください。

✤子供の教育費について

それから、お子様の教育費ですが、どの程度までお考えになりますか？

習い事や塾はどうされますか。大学進学はどうされますか。

ご主人様の収入が途絶えることでいちばん影響を受けるのは、お子様の教育費ではないでしょうか。父親を亡くした場合、母親は子供に立派な教育を受けさせたいと、父親がいた時より強く思うそうです。学歴のハンデを背負わせたくないと思うようです。お子様の教育費に対する保障額は、親の想いの額になります。

セールストークは流れ（順番）が大切！

～流れの骨組みを理解して肉付けしましょう～

トーク06 のまとめ

父親の死亡によって，家族は，精神的なダメージだけでなく経済面の不安に襲われます
残された保険金の額によって，その後の生活が大きく違ってきます

↓

「住居費」は，どうなりますか？

↓

「母親の収入」は，見込めますか？

↓

「子供の教育費」に対する保障額は，親の想いの額になります

トーク07 ご主人様の保障額を決める時は以下のことを参考にしてください

保障額というのは大きな数字になりますので、なかなかイメージしにくいと思います。生活に必要な費用に年数をかけてみるとイメージできます。

✤住まいの費用

まず、住居費をイメージしてみましょう。例えば、家賃10万円の賃貸住宅に住むとしますと、20年住むと、10万円×12ヶ月×20年＝２４００万円になります。20年間、値上げなし、更新料なしの家賃だけでも２４００万円が消えていってしまいます。

20年後、奥様はおいくつになりますか。今30歳の方でしたら20年後は50歳ですが、女性の平均寿命は85歳ですから残りまだ35年もあることになります。

参考までに55年間の家賃を計算してみますと、10万円×12ヶ月×55年＝６６００万円、何と家賃だけで６６００万円にもなってしまいます。

✤食事の費用

次は、食費をイメージしてみましょう。例えば、家族の食費を１日５０００円としますと、20年間で、５０００円×30日×12ヶ月×20年＝３６００万円、20年間の食費だけで３６００万円です。

✤教育の費用

それから、教育費はどのくらいのものでしょうか。例えば、高校入学から大学卒業までに掛かる金額は１人当たり平均９４１万円だそうです。お子さん２人を大学卒業させると２０００万円かかるということです。

✤3000万円は決して大金ではない

いかがでしょうか。保険金が3000万円などと聞くと、大金で、何でもできるような気持ちになりますが、残された家族がそのあと何十年も生きていくためのお金だと思うと、決して大金などではないですね。3000万円というのは、手取りの年収が500万円だったらたった6年分でしかありません。

奥さまが40歳の時ご主人を亡くされたら、その後平均45年間の生活があるのです。子供が小さければ、20年近くも教育費のやり繰りをしていかなければならないのです。

ご夫婦健在ならば、一緒に苦労も出来るし、無理もできます。けれど、1人になってしまったらいくら子どものためでも、ない袖は振れません。

保障額を決める時の参考にしてください。

セールストークは流れ（順番）が大切！

～流れの骨組みを理解して肉付けしましょう～

トーク07 のまとめ

保障額は生活に必要な費用に年数をかけるとイメージできます

↓

「住まいの費用」は，家賃×12ヶ月×年数
「食事の費用」は，１日の食費×30日×年数
「教育の費用」は，子供１人，約1,000万円

↓

そう考えると，3,000万円は決して大金ではないですね

トーク08 父親は家族に対して2つの役割があります

母親が専業主婦の場合、父親というのは家族に対して2つの役割があると言われています。

✤収入を運んできてくれる人

1つは、「家族に収入を運んできてくれる人」です。家族の毎日の生活費も、子供の教育費も、それからマイホームの購入資金や老後の生活資金も、すべて父親の収入で賄うことになります。一生にもらう給料の合計を「生涯賃金」と言いますが、その額は平均で約2～3億円と言われているのですよ。すごい額ですね。

✤精神的に支えてくれる人

そして、父親のもう1つの役割は、「家族を精神的に支えてくれる人」です。父親がいることで家族に精神的な安心感を与えてくれる、家族が悩んだ時に相談に乗ってくれたり励ましたりしてくれる、子供の進路の相談に乗ってくれるなど、何かの時に頼れる存在なのです。

✤父親を亡くすということは

そういった2つの役割をもつ父親を突然の事故や病気で亡くしてしまったら、家族は「収入を運んできてくれる人」と「精神的に支えてくれる人」の両方を亡くすことになります。

入ってくるはずだった収入が入ってこなくなりますが、これは手当ができます。日本には3つの保障があります。国の保障、企業の保障、個人の保障です。父親に万一の場合、国からは遺族年金、会社からは死亡退職金や弔慰金、そして、個人で加入している生命保険などから保険金が出ます。この3つの保障での合計額で手当すれば良いのですが、国の保障や会社の保障が薄くなって来ていますので、その分は自分で準備できる個人の保障を充実させれば良いのです。

けれど、もう1つの精神的な支えがなくなる方ですが、これは手当てできません。手当てができないからこそ、その分もお金を残してあげたいという考え方もあります。「子供には立派な教育を受けさせたい。父親がいないからとは言わせない」「病気やケガ、災害に遭って不安な時の心の支えになってあげたい」そういう思いを保険金に託すことができます。

そう考えますと「収入」も「精神的な支え」もどちらも生命保険で手当ができるのですね。生命保険には人の思いを託すことができるのです。

セールストークは流れ（順番）が大切！

～流れの骨組みを理解して肉付けしましょう～

トーク08 のまとめ

父親の１つの役割は，収入を運んでくれる人

↓

父親のもう１つの役割は，精神的に支えてくれる人

↓

「収入」も「精神的支え」も保険で手当ができるのですね

トーク09 生命保険の見直しは車の買替えに似ています

生命保険の見直しは車の買替えに似ていると言われます。

✤車の買替え

車は、４～５年をサイクルに買い替える人が多いと思います。

生活のスタイルに合わせたり、新型車が出たときに買い替えたりします。

車は新車が出るたびに、基本性能が良くなり、燃費も良くなります。エアバッグやＡＢＳ、衝突安全ボディーなど、安全性のための機能も充実してきます。

そして、車を買い替える時は、今まで乗っていた車を下取りに出して、次の車は下取価格分、安く買うことができます。

✤生命保険の見直し

生命保険も3～5年のサイクルで保障を見直す人が多いと思います。

生活のスタイルや家族構成が変わった時には保障を見直します。

生命保険も新しい保険や特約が出るたびに、保障内容や保障範囲が広がります。

そして、生命保険も新しく買い替える時は、今まで掛けてきた保険を下取りして、新しい保険は下取り価格分、安い掛金で契約することができます。

✤家族の状況に合わせて

車も家族の状況に合わせてニーズが変わってきます。

若い時は、スピード感や外見を重視した「スポーツタイプ」を選んでも、子供が生まれると、家族みんなで出かけやすい「ファミリータイプ」を選び、年をとれば、何よりも安全性を重視して「セダンタイプ」を選んだりします。

生命保険も家族の状況に合わせて見直してください。
独身のときは、自分のために「医療保障」を重視したプラン、
結婚し子供が生まれたら、家族のために「大型保障」を重視したプラン、
子供が独立し出したら、老後を楽しんだり安心のために「老後保障」を重視したプラン
というように、その時々に合った生命保険をご検討ください。

セールストークは流れ（順番）が大切！

～流れの骨組みを理解して肉付けしましょう～

トーク09 のまとめ

保障の見直しは車の買替えに似ています

↓

「車の買替え」は，今までの車を下取りして性能の良い新車に換えること
「保障の見直し」も，今までの保障を下取りして性能の良い保障に換えること

↓

車も家族の状況に合わせて買い替えると思いますが，保障も家族の状況にあわせて見直ししてください

トーク10 生命保険は最も簡単な遺言だとも言われます

最近は、資産の有る無しに関わらず「遺言状」を遺す人が増えているようですね。「遺言状」は自分の死んだ後に自分の意志を家族に伝えることができるからでしょうか。そういう意味では生命保険も遺言に似ているところがあります。

✤生命保険は遺言に似ています

生命保険は自分の死んだ後におりてくる保険金の受取人を、生前に指定することができます。

本当に「遺言状」を残すとなるといろいろとやっかいなのですが、生命保険は健康で掛金さえ準備できれば簡単に加入できますので、「生命保険は一番簡単な遺言書」だとも言われているのですよ。

✤生命保険には思いを託すことができます

生命保険にはいろいろな思いを託くことができます。

例えば、「自分にもしものことがあった時は、妻子が困らないようにしてあげたい。子供にも十分な教育を受けさせてあげたい」という思いがあれば、必要な保障額を計算し、受取人を［妻10割］と指定した保険契約にします。

また例えば、「自分にもしものことがあったら、面倒を看てくれた長男夫婦に家を残したい。そして、子供達がもめることのないように長女と次男には保険金を５００万円ずつ残してあげよう」という思いがあれば、終身部分の保障を１０００万円にして、受取人を［長女５割］［次男５割］と指定した保険契約にします。

また例えば、「自分にもしものことがあったら、障害を持った長男の今後が何よりも心配だ。生活費はもちろんのこと、生きがいも見つけて欲しいから、そのためにも1000万円は残してあげたい」という思いがあれば、終身部分の保障を1000万円にして、受取人を［長男10割］と指定した保険契約にします。

保険金の受取人は加入後でも変更できます。

今お入りの保険は○○さまの意志を反映していますか？　○○さまは、誰に、いくら残したいですか？

セールストークは流れ（順番）が大切！

～流れの骨組みを理解して肉付けしましょう～

トーク10 のまとめ

最近は，「遺言状」を残す人が増えているようですね

↓

「生命保険は一番簡単な遺言書」だとも言われています

↓

生命保険には，いろいろな想いを託すことができます

第3章

医療保障

「医療保障」は、今もっとも顕在化しているニーズと言えます。医療保障のトークが、保障見直しに対するお客様の心の扉を開くカギになります。多くのトークを持ってください。

（トーク11）医療保障の勘違い

（トーク12）入院給付金の日額は病院の差額ベッド代も考慮に入れて

（トーク13）ガンに対する備えは「定期健康診断」と「ガン保障」です

（トーク14）病気が原因の身体障害に対する保障も大切です

（トーク15）リビングニーズのシステムをご存じですか

トーク11 医療保障の勘違い

「医療保障」を準備されている方はたくさんいると思いますが、保障内容や保障期間が思っていたのと違っていたというケースもたくさんあるようです。

✤医療保障の勘違い

よくある事例としては、

妻の医療保障を夫の生命保険の「家族特約」として付加している場合、夫が死亡したら妻の医療保障もなくなってしまいます。一般的に男性より女性の方が長生きですから、女性の医療保障の保障期間は男性より長く欲しいところです。高齢になってからでは健康状態が理由で加入できないケースも増えますので、できましたら奥さまは、奥さま自身の医療保障に加入される方が良いと思います。

また、満期のある「養老保険」などに医療特約として付加している場合は、満期の時に全ての保障は消滅してしまいますので、医療保障もなくなってしまいます。満期のある保険は満期金は嬉しいのですが、『満期という名の保障切れ』と言われています。医療保障は高齢になるほど必要になりますので、終身保険に特約を付加するか、単独の医療保険に加入して、高齢期まで医療保障を確保する方が良いと思います。

また、掛金の安い医療保障にお入りの場合は、どういった時にどのくらい保障されているのか、保障されないのはどういう場合か、また保障期間はいつまでか、それから掛金はずっと変わらないのか上がっていくのか、そういったことを今一度確認しておいてください。掛金がどんなに安くても保障内容が自分の望むものと違っていては本末転倒です。

✤医療保障のアドバイス

医療保障を準備する時は次のようなことを確認してください。

◎基本的に、個人個人で自分自身の医療保障に加入してください。
◎保障期間は80歳、もしくは一生涯の医療保障に加入してください。
◎入院日額は5000円~10000円くらいは確保してください。
◎成人病特約、女性特約、ガン特約などさまざまな医療特約もあります。保障内容をよく検討して、自分の望む保障内容の医療保障に加入してください。

セールストークは流れ（順番）が大切！

～流れの骨組みを理解して肉付けしましょう～

トーク11 のまとめ

「医療保障」には皆さんお入りだと思いますが，勘違いされている人も多いようです

↓

よくある事例は，妻の医療保障が「家族特約」のケース，満期のある保険の医療特約のケースなどが多いようです

↓

「医療保障」はこんなポイントを確認してください

トーク12 入院給付金の日額は病院の差額ベッド代も考慮に入れて

入院給付金の額を決める時には、周辺の病院の「差額ベッド代」が1つの基準です。差額ベッド代というのは、入院の時、大部屋に入ればベッド代はかからないのですが、4人部屋や2人部屋、個室などに入ると、部屋によってベッド代が「一日いくら」という形でかかってきます。これが差額ベッド代です。どのくらいの部屋が一日いくらなのかは病院によって違います。なぜ、この差額ベッド代が入院給付金の目安になるかと言いますと、この差額ベッド代は健康保険の対象外で、全額自己負担になるからです。

✤入院した時に個室に入るのは贅沢なことではありません

入院した時に個室に入るなんて贅沢なように思えるかもしれませんが、決してそんなことはありません。その場になるとこれは大変切実な問題になってきます。
症状によっては大部屋での入院生活はつらい場合があります。

大部屋での入院生活は、偶然居合わせた何人かが共同生活をするようなものです。具合の悪い人ばかりが一つの部屋で1日24時間、寝食を共にするのです。
体調の良いときは小さなことを気にしない人でも、具合が悪ければ気分も優れません。摩擦やいざこざも起こるでしょう。性格的に合わない人もいるでしょう。
見舞いに来てくれた知り合いや介護の家族との話し声の大きさや、やりとりの内容にも気を使います。看護婦さんとのやりとりにも気を使います。「苦しい」「痛い」からと頻繁にナースコールを押すことにさえも気を使います。

特に内蔵の手術をした後や、足や腰をケガした場合などはトイレに行けないことも多く、その場合、紙おむつであったり、ベッドにカーテンを引いただけで用をたすことなります。それが嫌で食事を少ししか食べないようにする人も多くいます。

大部屋での入院は、病気やケガへのストレスよりも、同室の人への気づかいでストレスが溜まると言われます。個室であれば、そういったことに気を使う必要はありません。お見舞いに来た友人や家族達とも心ゆくまで話ができ、したい時にしたいことができます。

✤個室しか空いていない場合もあります

また、個室に入らざる得ないこともあります。入院しなければならない時に、その病院の大部屋が空いているとは限りません。評判の良い病院の大部屋などは何ヶ月も先まで空いていないケースも多いようです。救急の時に、大部屋の空き状況を確認して病院を選ぶことなどできません。落ち着いたからといって大部屋の空いている病院に替わることもなかなかできません。

入院した時の入院給付金を個室の差額ベッド代を基準にすることは、旅行の時にホテルのスィートルームを予約するのとは違います。病気や事故の時には本人と家族の切実な問題になります。決して贅沢な話ではありません。

セールストークは流れ（順番）が大切！

～流れの骨組みを理解して肉付けしましょう～

トーク12 のまとめ

入院給付金の日額は差額ベッド代を考慮に入れてください

↓

入院した時に個室に入るのは贅沢なことではありません

↓

個室しか空いていない場合もあります

トーク13 ガンに対する備えは「定期健康診断」と「ガン保障」です

✤ガンは早期発見と医療保障の準備が大切です

医学も日々進歩しています。今、ガンは「早期発見」「早期治療」できれば治癒率も高いと言われています。特に胃ガン、結腸ガン、乳ガンについては「早期発見」「早期治療」できればほぼ完全に治癒するケースも多くなっています。

ただし、医療技術が進歩すればするほど治療費の方は高額化しています。検査機材も最新のものは高額です。薬も新薬は保険対象外です。満足のいく治療を受けたいと思うと、治療費、入院費、雑費などかなりの費用がかかり、経済的な不安が襲ってきます。

ですからガンへの備えは、第一は「定期健康診断」、そして第二は「医療保障」への加入です。

✤医療費がかかり、収入が減る

もう少し詳しくお話しすると、ガンの場合、手術という治療法が最も多く、その他に薬物療法や放射線療法という方法もあります。中には健康保険の適用外のワクチンなどもあり治療費だけでもかなりかかるようです。また、入院日数も1ヶ月以上かかる場合が多く、入院費用もかさみます。

入院すれば身の回りの物を買いそろえたり、家族が見舞いに来る交通費など、雑費が意外とかかります。病院によっては個室の差額ベッド代が1日2万円以上するところもあります。

入院が長引けばその分収入が減り、無事退院できたとしてもすぐに会社に復帰できるとは限りません。場合によっては退職を余儀なくされることもあるでしょう。そして家族も看護のためにパートなどを休めばその分収入が減ります。収入の面でも家計への影響が深刻になります。

入院費用がかさむうえに収入が大幅にダウンすれば生活費にも支障が出てきます。

残念なことに、ガンに対しては通常の入院特約だけでは対応しきれません。

ガン保険やガン特約、三大疾病保険や三大疾病特約など、ガンの時に上乗せになる保障を備えることが必要です。

セールストークは流れ（順番）が大切！

～流れの骨組みを理解して肉付けしましょう～

トーク13 のまとめ

ガンへの備えは，第１に「定期健康診断」，第２は「医療保障」への加入

↓

ガンは，医療費がかかります

↓

その上，収入が減ります

トーク14
病気が原因の身体障害に対する保障も大切です

✤病気が原因での障害を保障する特約

病気が原因で身体障害の状態になった時に、お金が支払われる特約があります。この保障は必要だと思いますので、ご案内させてください。

通常の保険プランには、事故が原因で身体障害の状態になった時にお金が支払われる特約は付いている場合が多いのですが、病気が原因で身体障害の状態になった時の特約は付いていないことも多いのでご注意ください。つまり、交通事故で車いすになった時にはお金が支払われるけれど、脳卒中で車いすになった時の保障はついていないかもしれないということです。事故が原因で支払われる特約と、病気が原因でも支払われる特約は全く別の特約になります。

✤病気が治っても身体が元どおりになるとは限らない

私は、病気が原因で支払われる特約もぜひつけて欲しいと思っています。なぜかと言いますと、病気自体が治っても体は元通りに戻るとは限らないからです。脳卒中などで倒れた場合、身体に麻痺が残ったり、運動機能に障害が残ったり、言語障害が残る場合が多いのですが、通常の入院特約は手術と入院だけを保障している特約なので、退院してしまえば障害状態で生活することに対しては何の保障もしていません。

✤障害とともに生きていくためには経済的負担も

障害を持って生活をしていくためには、本人にも家族にも大きな負担がかかります。経済的にも大きな負担がかかります。

・今まで通りの仕事は続けられるのか。
・今までと同じ収入は得られるのか。

・外出は1人でできるのか。
・身の回りのことは自分でできるのか。
・自宅の改造が必要なのか。
・常に家族のサポートが必要なのか。
・家族は今まで通りの仕事を続けられるのか。

障害状態になった場合、本人にも家族にも新たな人生設計が必要になります。

医学が進んで一命は取り留められるようになって大変嬉しいことなのですが、障害が残るケースも増えました。障害状態になったら障害とうまくつきあいながら生きていかなければなりません。病気が原因での身体障害を保障する特約をおつけいただきたいと思います。

人工透析が必要な場合、心臓にペースメーカーを入れた場合、人工肛門にした場合なども保障しています。また、視力、聴力、言語、そしゃく、手足の機能などの障害も保障しています。

『障害』は、なってしまえば『生涯』だとも言われています。

ご加入の保障内容をご確認ください。

セールストークは流れ（順番）が大切！

～流れの骨組みを理解して肉付けしましょう～

トーク14 のまとめ

病気が原因で身体障害になった場合の保障も大切です

↓

病気の治療は，終わっても身体が元通りになるとは限りません

↓

障害とともに生きていくには，経済的にも負担がかかるのです

トーク 15　リビングニーズのシステムをご存じですか

✤「リビングニーズ」が生まれた背景

「リビングニーズ」特約というのは、「余命6ヶ月」と診断された場合、生前に保険金を請求できるシステムなのですが、この特約が生まれた時の話が胸を打つ話なので、ちょっとご紹介させてください。

1989年カナダでの出来事だそうです。

ある保険会社の元社長がエイズ患者のボランティアをしていた時、「私に何かできることはありませんか」と聞くと、あるエイズ患者が言ったそうです。

「私はエイズの治療のために多額の借金を抱えています。生きているうちに保険をもらえれば、借金も清算でき、思うような治療も受けられます。今の望みは、尊厳をもって死を迎えることです」

そこで社長は社内の反対を押し切り、行政当局を説得してこの患者に保険金を前払いしたそうです。これがリビングニーズの最初の実現だそうです。

✤「リビングニーズ」が付けてあれば

保険金を生前に受け取れる「リビングニーズ」特約が付けてあれば、原因は何であっても「余命６ヶ月」と診断されると、保険金の請求ができます。

たとえば、不治の病の場合もあるでしょう。また、臓器移植しないと死亡が見込まれるような場合で、日本国内でその臓器移植が認められていなければ申請の対象となります。

「リビングニーズ」は、

自分の治療のために使うお金です。病気と闘うためのお金です。

そして、自分らしく生きるために使うお金です。

お金があれば、自分の納得のいく最期を迎えられるかもしれない。
お金があれば、家族も思うような治療をさせてあげられるかもしれない。
人の一生で最も尊厳のある時を、お金の苦労から解放する特約です。

リビングニーズ特約には掛金はありません。特約をつけても掛金は変わりません。
○○さんの保険には「リビングニーズ」が付いていますでしょうか。

セールストークは流れ（順番）が大切！

～流れの骨組みを理解して肉付けしましょう～

トーク15 のまとめ

「リビングニーズ」特約ができた時の話が胸を打つ話なので聞いてください

↓

「リビングニーズ」特約が付けてあれば，自分の治療にお金を使えます

↓

「リビングニーズ」特約は掛金はありません。付いていますか？

第4章

介護保障

「介護保障」はこれからの日本が抱えるもっとも大きな課題です。保険は「将来予測されるリスクに備えるための金融商品」です。介護保障の必要性を訴求できるトークを持ってください。

（トーク16）介護保障の必要性
（トーク17）自分の介護費用は自分で準備する時代です
（トーク18）国の介護保険と民間の介護保険の違い
（トーク19）介護問題は親族のもめごとに発展しやすいようです
（トーク20）介護の問題は妻が考えた方が良いようです

トーク 16 介護保障の必要性

✤夫が介護状態になったとき

「自分が介護状態になった時に誰に面倒をみてもらいたいですか？」という質問に対して、夫は妻に看てもらいたいと思っている人が多いようです。「僕が動けなくなったら、もちろん妻に看てもらうよ」と何の疑いもなく思っているようです。

ご主人様もそうですか？　それでしたら「介護保障」をご準備ください。

ご主人様が介護状態になった時に、奥様が健康だとは限りません。健康だったとしても若い頃のようには体力も筋力もありません。ご主人様が年をとると同時に奥様も年をとるのです。

介護はかなりの重労働で体力が必要です。寝返りひとつさせるにしても大変な労働です。介護用ベッドなどの補助器具も必要です。

家の中の段差をなくしたり、戸口を大きくしたり、介護しやすいように増改築する必要も出てきます。

肉体的負担と精神的負担、そして金銭的な負担が、介護する奥様にかかってきます。

ご主人様、介護状態になった時に介護費用が出る「介護保障」をご準備ください。

✤妻が介護状態になったとき

では、奥様に「自分が介護状態になった時に誰に面倒をみてもらいたいですか?」と聞きますと何と答える方が多いと思いますか?「介護施設などに入りたい」という人が多いようです。「私が寝たきりになる時には、もう、夫はいないかもしれない。子供たちには迷惑をかけたくない」と思っているようです。

奥様もそうですか?　それでしたら「介護保障」をご準備ください。

核家族化が進んでいる今、子供と同居する人は少なくなってきています。同居していてこそ家庭内での介護も可能ですが、通いながらの介護は大変です。遠ければ交通費もかかりなおさらです。

子供たちの家庭の事情もあります。教育費や住宅ローンなど金銭的な負担の大きい時期と重なってしまうことが多いようです。そういったことを考えると「介護施設などで世話をしてもらう方が精神的に気が楽だ」と言われる方も多いです。

快適な施設への入居には高額な費用が必要です。

奥様も「介護保障」をご準備ください。

✤保険会社の「介護保険」は現金が支給される

国の「介護保険」は介護サービスを1割負担で使えるという制度ですが、保険会社の「介護保険」は介護状態になったときに給付金や年金などの現金が支払われます。

現金が支払われるのですから、どんな形で使うこともできます。
・国の「介護保険」サービスを使うときの自己負担額として使えます。
・介護ベッドや車いすなどの介護器具の購入にも使えます。
・家をバリアフリーにしたり手すりをつけたり、増改築の費用にも使えます。
・もちろん日用品や生活費、医療費などにも使えます。

セールストークは流れ（順番）が大切！

～流れの骨組みを理解して肉付けしましょう～

トーク16 のまとめ

夫は，介護状態になった時には妻に面倒をみてもらいたいと思っているようです
夫は妻のために「介護保障」に入りましょう

↓

妻が，介護状態になった時には「介護施設などに入りたい」と思っているようです
妻は自分のために「介護保障」に入りましょう

↓

保険会社の「介護保険」は現金が支給されますから何にでも使えます

トーク 17

自分の介護費用は自分で準備する時代です

✤親が介護状態になった時に子供達の生活環境は

もし、親が介護状態になったとしたら、きっと子供達は親の面倒をみたいと思うのだと思います。気持ちでは本当にそう思うのですが、現実問題としては、その時面倒をみれる状態かどうかが問題です。

親が70代の時、子供達はいくつでしょうか。40代でしょうか、50代でしょうか。
親が80代の時、子供達はいくつでしょうか。50代でしょうか、60代でしょうか。

40代の息子さんの生活環境はというと、ちょうど子どもに教育費がかかる頃で、進学の時期には、費用のことだけでなく、進路の相談など精神的にも時間的にも子どもに手がかかるときです。

では、50代の息子さんの生活環境はどうでしょう。子ども達が大学に通い、順次卒業し始めるときです。精神的には肩の荷がおりてきますが、経済的にはまだまだ大変で、学費、就職のための費用、結婚資金の援助、そして、住宅ローンと出費は続きます。

それでは、60代の息子さんの生活環境はどうなっているでしょう。自分の定年（引退）を迎え、年金や退職金（貯金）を取り崩して生活を始めた時期です。また自分たち自身もだんだん高齢になり、成人病を患ったり、体力的にも弱ってくるときです。

それから、嫁いだ娘さんの場合はどうでしょう。自分の親を看てあげたい気持ちは強くても、ご主人の方の親の方が先に介護状態になる場合も多く、それでなくても嫁いだ娘が実家の親の介護をすることはなかなか難しいものがあるようです。

✤介護にはお金もかかります

要介護状態となった場合にどのくらいお金がかかるのか、というデータがあるのですが、これによりますと、100万円未満も3割弱あるのですが、500万円以上かかるケースが4割以上になるそうです。3000万円以上かかったケースも6%もあるそうです。やっぱり介護費用は幅がありますね。平均すると743万円になるそうです。いずれにしても簡単に出せる金額ではありませんね。

親の介護にかかる費用を子供達が負担できるかというと、それもなかなか難しい気がします。今は昔のように子供の人数が多くありませんので、子供ひとりの肩にかかる負担が重くなります。

自分の介護費用は自分で準備しておいた方が良いと思います。

それで、もし子供に看てもらえるようならば、そのお金を子供にあげれば喜ばれますし、子供が看れない状況ならば、そのお金は介護サービスの支払いに充てれば良いのですから。

セールストークは流れ（順番）が大切！

～流れの骨組みを理解して肉付けしましょう～

トーク17 のまとめ

親が介護状態になった時に子供達は親の面倒を看たいと思うのですが，その時，子供達にもそれぞれの事情があります

↓

介護にはお金もかかります

↓

介護費用を子供に負担させるのは大変なので，自分の介護費用は自分で準備しましょう

トーク 18
国の介護保険と民間の介護保険の違い

✤国の介護保険と保険会社の介護保険

「国の介護保険」と、「保険会社の介護保険」は根本的なシステムが違いますので、違いを知っていることが大切です。

一般的には国の介護保険は「介護サービス」を提供し、生命保険の介護保険は「介護費用」を提供している、と言われます。

例えば、息子は都会に就職し結婚し家族を持って都会で暮らしている、また、娘もお嫁に行ってしまって、田舎には両親の2人が暮らしていたとします。そうしているうちに、父親が倒れて母親が面倒をみている。息子は仕事が忙しくてなかなか見舞えない、見舞っても介護の手伝いができない。そこで娘が月に1～2回程度、介護の手伝いに田舎に帰っている状況だとします。

✤国の介護保険は「介護サービス」の提供

高齢の母親には、介護状態の父親の身の回りの世話をするだけでも、かなりの負担がかかるので、「ホームヘルパー」や「食事サービス」を週2回ほど利用するとします。

また、母親ひとりで父親をお風呂に入れることは体力的に無理なので、普段は体を拭くだけにして、定期的に「訪問入浴サービス」を利用するとします。

こういったことは国の介護保険を使います。国の介護保険が使える「介護サービス」を頼みます。利用料は、費用の1割が自己負担になります。

✤保険会社の介護保険は「介護費用」の提供

娘が介護の手伝いに行くのにも交通費がかかります。それが遠距離介護になると往復の交通費だけでも馬鹿になりません。

また、母親が介護しやすいように介護用のベットを購入したり、家の中の段差をなくす改装工事も必要になります。こういったものは国の介護サービスを利用できるものもありますが、それでも1割は自己負担になります。

このように、何にしても介護はお金もかかります。

こういったことは保険会社の介護保険を使います。介護状態になったら、一時金や介護年金がもらえます。

国の介護保険が始まって、介護サービスは利用しやすくなりましたが、サービスの提供だけでは解決できないこともたくさんあります。また、国のサービスを利用するのにもお金がかかります。

介護サービスを提供する国の介護保険と介護費用を提供する保険会社の介護保険をダブルで備えれば、介護環境を充実させることができます。

セールストークは流れ（順番）が大切！

～流れの骨組みを理解して肉付けしましょう～

トーク18 のまとめ

国の介護保険と保険会社の介護保険は根本的なシステムが違います

↓

国の介護保険は「介護サービス」の提供，保険会社の介護保険は「介護費用」の提供です

↓

国の介護保険を十分に利用するためにも，保険会社の介護保険をご利用ください

トーク19 介護問題は親族のもめごとに発展しやすいようです

✤親を看たいという気持ちはあっても

親が介護状態になった時、子供はできるだけ面倒を看てあげたいと思いますが、介護する子供の側にもそれぞれの家庭の事情があるようです。

子供がいれば、まだまだ教育資金がかかりますし、家を購入したばかりで住宅ローンもあって金銭的な余裕がないかもしれません。

遠くに暮らしていれば、遠距離介護ですから、往復だけで時間はかかり、体力も消耗し、何よりも交通費がかかります。

田舎においておくのは心配だから引き取って在宅介護したいと思っても、家は狭いし、マンションの場合は増築もできない。近くの設備の整った介護施設への入所はどうかと思い資料を取り寄せたり見学に行ってはみても、かなりの費用に驚きます。

親を看たいという気持ちはあっても、実現するのが大変なケースが多いようです。

✤介護の問題は親族のもめ事に発展しやすい

また、介護の問題は親族のもめ事に発展しやすいと言われています。

介護状態になると、寝返りや着替えをさせるだけでも、体力的に大変な作業です。そして、いつまで続くかわからないという精神的な不安があります。何よりも、介護にかかる費用は経済的に家計にかなりのダメージを与えます。

ですから、介護は面倒をみる側の生活に大きな負担となります。親が要介護状態になると、子供たちはその配偶者も含めて、これからの介護のことを相談します。みんな介護したい気持ちはあるのですが、それぞれの家庭の経済状況や家庭環境、仕事環境が違います。物理的な距離の違いもあります。考え方や配偶者の習慣の違いもあります。どの家庭にとっても介護は大きな負担になりますから、誰がどのくらい負担するのかで、もめ事に発展しやすいのです。

介護される側が費用を準備することで、介護する側の負担を軽くします。

家族や周囲に負担をかけないように、自分の「介護保障」を今から準備しておきませんか。

セールストークは流れ（順番）が大切！

～流れの骨組みを理解して肉付けしましょう～

トーク19 のまとめ

親が介護状態になった時，子供は親の面倒を看たいと思うのですが，子供の側にも家庭の事情があるようです

↓

介護の問題は親族のもめごとに発展しやすいのです

↓

介護される側が介護費用を準備することで，介護する側の負担が軽くなります

トーク20 介護の問題は妻が考えた方が良いようです

実は介護保障のことは奥様が考えた方が良いのですよ。

✤夫が介護状態になった場合

女性の方が平均寿命も7年も長く、年齢差も妻の方が何歳か若い場合が多いですから、一般的に夫の方が先に寝込み、夫の介護を妻がすることになるからです。

夫が介護状態になるような時には、妻もそれなりの年齢になっています。介護はかなりの重労働ですから、気持ちではいろいろしてあげたくても体力的にできないという話もよく聞きます。

また、夫が介護状態になりますと妻は家をあける事が難しくなります。冠婚葬祭にもなかなか出掛けられません。もちろん、旅行などにも周囲の大きな協力がなければ出掛けられませんから、妻も家に閉じこもりがちになります。

そして、夫の介護が原因で妻が倒れるケースもよくあります。腰を痛めたり、夫の身体を支えきれずに倒れて骨折し、妻も寝たきりになることもあります。

✤夫が介護保障に入っていれば

夫が介護保障に入っていれば、夫が介護状態になれば介護費用が出ます。そのお金で介護サービスを利用したり、介護環境を整えることができます。

介護用品を購入できれば、肉体的負担が軽くなり精神的な余裕も出てきます。デイケアを利用すれば、妻が外出することもできます。生活が介護一色にならないように、買い物やちょっとした旅行など、体を休めたり気分転換することはとても大切なことです。また、手すりをつけたり段差をなくすなど家を一部改造するだけでも、介護の負担はかなり軽くなります。

✤妻が介護状態になった場合

そして、妻が介護状態になる時には夫はいない場合も多いですから、妻の介護は息子のお嫁さんや嫁いだ娘さんがすることになります。男性が女性の介護をするのはなかなか大変なので、介護はやはり女性の仕事になります。

お嫁さんに体の世話をしてもらうのは気を使いますね。夫ももういなくて貯金も少なくなっていると、金銭的にも息子さん夫婦に負担を掛けさせるのが辛いという人も多いようです。娘さんの場合は娘さんには気は使わないのですが、お嫁に行った先の家や娘さんのご主人に気を使います。

✤妻が介護保障に入っていれば

妻が介護保障に入っていれば、面倒を看てもらう子供や親族に介護費用を渡すことができますから、精神的に楽になります。

子供たちに面倒を掛けたくない場合は、外部の介護サービスを使用したり、気に入った介護施設への入所も介護費用があればできます。

ですから、ご主人の介護保障もご自身の介護保障も奥様が考えた方が良いのです。

セールストークは流れ（順番）が大切！

～流れの骨組みを理解して肉付けしましょう～

トーク20 のまとめ

実は介護保障のことは，妻が考えた方が良いのです

↓

夫が介護状態になった時，妻が介護をします
夫が介護保険に入っていれば介護費用がでます

↓

妻が介護状態になった時，息子のお嫁さんや娘が介護をします
妻が介護保険に入っていれば，面倒を看てもらう人に介護費用を渡せます

第5章

老後保障

「老後資金の準備」は保険以外の金融商品でもできますので、保険、特に個人年金の必要性やメリット、活用術をお客様に訴求できるトークを持ってください。

（トーク21）なぜ老後資金は自助努力が必要なのでしょうか
（トーク22）国の年金制度は世代間扶養の考え方です
（トーク23）定年後の10万時間をは自分の意志で生きる
（トーク24）老後資金は「貯金」と言う方へ
（トーク25）老後資金の準備はいつから始めるのがよいのでしょうか

トーク21
なぜ老後資金は自助努力が必要なのでしょうか

✤「少子化」が進んでいます

今、日本では新しく生まれる子供の数が年々減っています。これを「少子化」というのですが、少子化は、10年後、20年後、30年後の日本の人口が減ることを意味します。それはとりもなおさず、労働人口の減少を意味します。日本の次の世代を担う人たちが減っているのです。

✤「医療保険」や「年金」の資金が減ります

将来の労働人口の減少は、今働いている人達にとって深刻な問題です。

国の医療保険の制度や年金の制度は、働く人たちの納める掛金や税金などで成り立っていますから、労働人口が減るということは集まってくる掛金や税金が減るということで、医療保険や年金の資金が減るということです。

✤高齢化が進み「医療保険」や「年金」の支出が増えます

その上、日本は年々高齢者の数が増えていますから、年金をもらう人の数が増え、老人医療費も増えています。

日本は「少子化」と「高齢化」のダブルパンチだと言われています。

✤ベビーブーマーが定年を迎える

戦後のベビーブーマーが定年を迎え始めると、「高齢化」も一気に加速します。

ベビーブームに生まれた子は60年経てばみんな定年の時期になるのです。

年金をもらう人が増えれば、より多くの年金資金が必要になるのですが、資金源である労働人口は減り続けているのです。

高齢者が増えれば老人医療費も増えます。
より多くの資金が必要になるのに、集まる資金は減っています。
掛金を収める人が減って使う人が増えるのが「少子・高齢化」社会です。

労働人口が減って、老齢人口の割合が高くなった頃に老後を迎える人たちは、
自分で自分に備える「自助努力」が必要なのです。

老後のための自助努力を保険や共済で始めてください。

セールストークは流れ（順番）が大切！

～流れの骨組みを理解して肉付けしましょう～

トーク21 のまとめ

日本は「少子化」が進んでいますから，「医療保障」や「年金」の資金が減っていきます

↓

日本は「高齢化」が進んでいますから，「医療保障」や「年金」の支出が増えていきます

↓

掛金を納める人の人数が減って，使う人の人数が増えるのが「少子・高齢化」の社会です
老後のための自助努力を始めましょう

トーク22 国の年金制度は世代間扶養の考え方です

ちょっと難しい言葉で言いますと、日本の「公的年金制度」は「世代間扶養」の考え方で成り立っています。老年世代を現役世代が面倒を見る仕組みです。

✤国の年金制度は世代間扶養の考え方です

どういうことかと言いますと、今、私たち現役世代が支払っている公的年金の掛金は、将来の自分達の使うために積み立てられているのではなくて、今の年金受給者である老齢世代に支給されています。

それでは、私たちが年をとった時もらえる年金は誰が用意してくれるのでしょうか。それは、その時に働いている次の現役世代です。

このように、「公的年金制度」は自分の積み立てたお金を自分で使うのではなく、今の現役世代から集めた掛金を今の老齢世代に支給するという「世代間扶養」によって成り立っています。

この年金システムは一人一人が個人的に行う「年老いた親の扶養」「親への仕送り」を、社会全体のしくみに広げたものです。

個人個人で行うと格差が生まれます。すべての人に頼れる子どもがいるわけではありませんし、子どもの経済状況にも差が出ます。それを国全体でやれば公平になるということです。

✤良いシステムなのだが、問題は「少子高齢化」

この「世代間扶養」の考え方や、そこから生まれた年金制度は、それ自体は良いシステムなのですが、問題は日本が急速に「少子高齢化」が進んでいることです。子供の数が減って、平均寿命が伸びています。

私たちの親の世代は兄弟も多く5人兄弟6人兄弟の人もよく聞きます。子供の数が多ければ誰かが祖父母の面倒を看ることができました。また祖父母の世代はそれほど長寿ではなかったので、面倒を見る期間も短かったのですが、私たちの子供の世代を見てみると、子供の人数は少なく1人か2人、3人は珍しい方です。そして、私たちの平均寿命は年々伸びていますので、子供ひとりにかかる負担は重くなります。

今一番大変なのは、一人っ子同士の結婚だと言われています。一人っ子同士が結婚した場合、一組の夫婦の肩に4人の親の老後が乗ります。

このように個人的な扶養は難しくなりますので、国の社会保障に期待したいところですが、国も同じことです。個人的な少子高齢化は、国全体でも少子高齢化です。

私たち世代は、数の少ない子供世代、孫世代に頼るのではなく、自分で自分の老後資金を準備しなければならないのです。

セールストークは流れ（順番）が大切！

～流れの骨組みを理解して肉付けしましょう～

トーク22 のまとめ

国の年金制度は「世代間扶養」の考え方です

↓

良いシステムなのですが，問題は「少子・高齢化」です

↓

私たちの世代は，子供や孫の世代に頼るのではなく，自分で自分の老後資金を準備しなければならないのです

トーク 23
定年後の10万時間は自分の意志で生きる

✤定年後の10万時間

先日、おもしろい本を読みました。

「働き詰めの10万時間から、自分のための10万時間へ」と書いてあるのです。

定年後の時間は、それまで働いてきた時間と同じくらいあって、それが10万時間という気の遠くなるような時間だというのです。

20歳〜60歳まで、1日8時間、1年300日働いたとしたら、「8時間×300日×40年＝9万6000時間」になります。

そして、60歳~80歳まで、自分の自由になる時間は寝る時間と食べる時間を抜くと1日14時間ぐらいあって、定年後は毎日が日曜日なので、定年後の20年分の自由時間は、［14時間×365日×20年間＝10万2200時間］になるというのです。

そう考えると長いですよね。よく「余生」って言いますが、余った人生どころの話ではないですね。

✤第2の人生は働いていた時間に匹敵する長さ

セカンドライフはそれまで働いて来た時間に匹敵する長さなのですよ。この長い時間をどうやったら有意義に過ごせますでしょうか。

働く10万時間は、上司や取引先に、あれこれと指示されて動いて、やりたくないことでもやらなければならないのですが、指示されて動けばいいので楽だとも言われます。

でも、老後の自分のための10万時間は、何事も自分で決めて行動しなければならなくて、嫌なことはしなくてもいいけれど、自分から行動を起こさなければ何事も進まないと言われています。

✤「自分の意志」と「経済力」と「健康」

その本には、いろいろな人が『定年後』について語っているのですが、総合すると、どうも定年後を有意義に過ごすためには3つの要素が必要なようです。

◎自分の意志を持つこと
◎ある程度の経済力を持つこと
◎健康に留意すること

定年後は自分の意志で生きる。そして、その意志を実現させるためには、「経済力」と「健康」が必要なようです。

セールストークは流れ（順番）が大切！

～流れの骨組みを理解して肉付けしましょう～

トーク23 のまとめ

先日おもしろい文を読みました
「働き詰めの10万時間から，自分のための10万時間へ」というのです

↓

第２の人生は働いてきた時間と同じぐらい長いというのです

↓

定年後を有意義に過ごすためには，「自分の意志」と「経済力」と「健康」が必要だそうです

トーク24

老後資金は「貯金」と言う方へ

✤老後資金を貯金だけで準備すると

老後資金の準備にもいろいろな方法があります。その中でも「貯金」が一番身近で利用されている人も多いと思いますが、老後資金を貯金だけで準備したとすると、老後は貯金を取り崩していく生活になります。

そして、ある程度貯金を使ってしまった時、その後も残りの貯金を使い続けることができるでしょうか。収入がある時と違い、国の年金と貯金だけが頼りの場合、せっかく貯めた貯金ですが、上手に使いきることは大変難しいようです。

それは、誰も自分がいくつまで生きるのかが分からないのですから、無理もありません。寿命が分からないから、貯めたお金を何等分して使ったら良いのか分からないのです。

例えば、長生きを心配して倹約しすぎてしまうかもしれません。思ったより早くお迎えが来た場合、せっかくの老後を楽しもうと思って貯めた貯金の多くを使わずに残すことになってしまうかもしれません。

例えば、結果的にはちょうど良く使い切れたとしても、最後の方は心細いかもしれません。生活費だけでなく、高齢になれば病気やケガも心配になりますから、最後の方は生活をかなり切り詰めるかもしれません。

例えば、思ったよりも長生きをし場合は、もちろん貯金の残高を心配しながら暮らさなければなりません。

✤老後資金の一部は個人年金の終身年金でご準備を

貯金の場合は貯めたものを取り崩して使いますから、使う期間が決まっていない老後資金としては、どうしても先ほどのような心配がついてきます。

ですから、老後資金の一部は個人年金の終身年金でご準備いただきたいと思います。終身年金なら、生きている限り年金がもらえます。その年の年金分を使い切ってしまっても、翌年にはまた新たに1年分の年金が必ず届きますから、安心して生活していけます。

また、元気なうちはご自分の生活費に、万一寝たきりになった場合には、介護費用に当てることもできます。どんなセカンドライフになるかは分かりませんからどんなに長生きしても空っぽにならない老後資金をぜひご準備ください。

セールストークは流れ（順番）が大切！

～流れの骨組みを理解して肉付けしましょう～

トーク24 のまとめ

老後資金を貯金だけで準備すると，上手に使い切ることが難しいようです

↓

誰にも，自分がいくつまでどういう状態で生きるのかは分かりませんので無理もないのです

↓

老後資金の一部を個人年金の終身年金にしませんか？　どんなに長生きしても空っぽにならない老後資金です

トーク25 老後資金の準備はいつから始めるのがよいのでしょうか

✤老後の準備は一体いつから

老後の準備って一体いつから始めるのが良いと思いますか。20代でしょうか。就職して間もないのに老後のことなんて考えられないですよね。旅行や趣味などやりたいことがたくさんありますから、老後のことより今の自分のためにお金を使いたいですよね。

では、30代でしょうか。

結婚して子供ができて、親としての責任が生まれ、自分たちの老後のことよりも、子供の養育費や教育費で大変な時期ですよね。

それでは、40代でしょうか。

まだまだ、子供の学費が大変な時期です。それに住宅ローンもあって家計は一番大変な時期かもしれません。老後のことも気になり出しますが、現実問題としては目先のことで一杯の時期ですよね。


では、50代でしょうか。

子供が学校を卒業し独立し始めますから、長い間苦しめられていた教育費からやっと解放され、後は住宅ローンが残るくらいでしょうか。この頃は目の前に迫った老後のことを真剣に考えなければと思いますが、何といってももうそれほど時間がありません。

✤約40年間の収入で約60年間生活します

なかなかちょうど良い時期がありませんね。実は、老後資金の準備は働いている間ならいつでも始める時だと言われています。

それは、どういうことかと言いますと、人の一生をアバウトに見ますと、20歳で就職して、60歳で定年、そして80歳で天寿を全うしたとします。そうすると収入がある期間が20歳~60歳の約40年間。そして、支出がある期間が20歳~80歳の約60年間なので、60年間で使う生活費を40年間で稼がなければならないということです。

働いている間の収入は全部使って良いわけではなく、収入の一部は定年後の収入がなくて支出がある時期へシフトしなければならないということです。そうしないと、誰かの世話になることになってしまいます。

ですから、老後資金の準備は働いている間ならいつでも始める時なのです。働いて収入がある今、個人年金で老後に備えましょう。できる範囲で構いませんので考えてみてください。

セールストークは流れ（順番）が大切！

～流れの骨組みを理解して肉付けしましょう～

トーク25 のまとめ

老後資金の準備をいつから始めたら良いかなのですが，どの年代もなかなかちょうど良い時期がありません

↓

人の一生をアバウトに見ますと，40年間の収入で60年間の生活を送るのです

↓

ですから，働いている間はいつでも老後資金の準備を始める時なのです

第6章

女性の保障

女性の保険の加入状況は、男性に比べるとまだまだ十分とは言えません。女性は置かれている状況によって必要な保障の形も変わりますので、保障見直しを訴求できるトークも持ってください。

（トーク26）女性の人生は障害物競走だと言われ、医療保障が大切です
（トーク27）女性もガンに対する保障が大切です
（トーク28）シングルウーマンの保険活用術
（トーク29）ワーキングウーマンの退職金作り
（トーク30）女性には終身年金が必要です

トーク26 女性の人生は障害物競走だと言われ医療保障が大切です

✤女性と生命保険

女性は男性に比べて生命保険の加入率が低いのですが、女性には男性にはない女性特有のリスクが潜んでいますので、生命保険は必要です。男性だけがかかる病気というのは少ないのですが、女性だけの病気は数多くあります。

女性が入院するのはどんな場合が多いのでしょうか。

女性の病気でよく耳にするものに、乳ガン・子宮ガン・子宮筋腫・卵巣のう腫などがあります。実際にも、これらの病気の入院給付金や手術給付金の支払いは多いようです。

ところが、実は、支払い事例を見ますと、女性にはもっと身近なところにも多くの危険が潜んでいます。たとえば、自然早流産、帝王切開、異常妊娠、妊娠中毒症、難産、子宮内膜炎などの支払いも多く、「お産は病気じゃない」って言われたりしますが、実際は出産に関わる危険もたくさんあるのです。

そう考えますと、女性の医療保障は若い時から必要です。健康な方でも、出産に関わる危険は同じように潜んでいます。この危険はご結婚直後から関わってきます。そして、その後には婦人病への危険が始まります。

女性の方には、ぜひ若いうちに「医療保障」を充実させていただきたいと思います。

✤女性の人生は障害物競走

早めの加入をお勧めするのにはもう一つ理由があります。残念ながら生命保険は、一度病気などになってしまうと、その後数年間は、加入の際に保障内容に制限がついてしまったり、加入自体が出来なくなってしまうケースもあります。

女性は、20代、30代、40代、50代……それぞれの年代に危険が潜んでいると言われます。

女性特有の病気を年齢を追って見てみますと、

20代から、妊娠・出産に伴うリスクが始まります。最近は40代の出産もあまり珍しくなくなりましたが、年齢が上がるとともに出産にまつわるリスクも高くなります。

そして30代からは、婦人病に直面します。子宮筋腫は30歳以上の女性の20%前後に見られ、特に40代が多いそうです。子宮筋腫、卵巣嚢腫なども良く耳にします。

そして40~50代には、乳ガンの発生率が高くなります。近年、生活様式の欧米化で発生率が急増しています。中年以降は、子宮ガンへの注意も必要です。婦人科の病気の中では、子宮ガンが一番多くなります。

このように女性は年代とともに女性特有の病気のリスクが待っているので「女性の人生は病気の障害物レースだ」とも言われます。障害物レースが始まってしまうと、保険に加入したくても加入する機会を失ってしまいます。女性の方は若くて健康な今のうちに、保険にご加入ください。

セールストークは流れ（順番）が大切！

～流れの骨組みを理解して肉付けしましょう～

トーク26 のまとめ

女性は男性より保険の加入率が低いのですが，女性には女性特有のリスクがあります

↓

男性だけがかかる病気は少ないのですが，女性だけがかかる病気はとても多いのです

↓

女性は年代とともに女性特有の病気が待っていて，「女性の人生は病気の障害物レースだ」とも言われるのですよ

トーク27 女性もガンに対する保障が大切です

✤女性もガンに対する備えが大切です

ガンは「早期発見」「早期治療」すれば、治る確率が高くなってきました。これは大変喜ばしいことですが、それにともない治療のための費用は高額になってきています。

ガンは、入院も長期になりやすく、手術も高度で、2回3回と繰り返すこともあります。入院費用、手術費用、その他もろもろの費用が、家計を圧迫します。

女性は年代によって、女性特有のガンの発症率が高くなります。

「胃ガン」や「肺ガン」は男性にも女性にもありますが、「乳ガン」や「子宮ガン」は女性だけのガンです。女性には男性と同じガンのリスクに加え、女性特有のガンのリスクもあるということです。

ガンは働き盛りの年代も容赦なく襲います。女性特有のガンは30代から増え始め、40～60代が最も多く、70～80代でも発病します。医学の進歩で完治するケースが増えた分、数年後に転移や、新たなガンを発病するケースも増加しています。

✤母親が入院すると大変です

30代で女性がガンを発病した場合、小さな子供のいる家庭が多く、母親の長期入院は家庭に大きなダメージを与えます。母親がいない家では、残された夫が、掃除や洗濯、食事の支度などの家事や、子どもの世話をすることになるのですが、父親が仕事をしながら母親と同じような家事や育児をするというのは現実問題として無理です。そこで、延長保育を頼んだり、実家の親に来てもらうことになります。誰かに頼めばその分の出費もかさみます。また、外食も増え、Yシャツをクリーニングに出し、病院にもタクシーで駆けつけるなど、生活費も増えます。

✤妻の収入減も家計に響きます

40代で発病した場合、妻がパートやアルバイトをして家計の一部を担っていることも多く、妻の収入ダウンは家計に大きなダメージを与えます。妻の収入を子供の教育費や家のローン返済に当てる割合が大きい世代です。治療のために大きな出費があり、その上の収入減ですから、家計にとってはダブルパンチです。

女性もガンに対する保障を真剣にご検討ください。

セールストークは流れ（順番）が大切！

～流れの骨組みを理解して肉付けしましょう～

トーク27 のまとめ

女性は若いうちから女性特有のガンのリスクがあります

↓

子供が小さい時に母親が入院すると大変です

↓

妻が仕事やパートをして家計の一部を担っている場合は収入減にもなります

トーク28 シングルウーマンの保険活用術

✤女性のライフスタイルが多様化しています

今、女性のライフスタイルが多様化していますね。少し前までは、20代で結婚して、結婚や出産を機に仕事を辞めて育児に専念するというのが一般的でしたけど、今は本当にいろいろな生き方があるようですね。

「結婚するかもしれないし、結婚しないかもしれない、でも、どちらにしても自分の人生を大事にしたい」という声も良く聞きます。

○○さんはいかがですか？　もし、「結婚しないかも…」と思うことがあるようでしたら、結婚しなかった場合のライフプランも考えておきましょう。

✤シングルウーマンのライフプラン

結婚しなかった場合のライフプランの注意点は、ケガや病気をした場合に、ご主人や子供に世話を頼ることはできませんから、そういう意味では心細い事があるかもしれません。ネットワークを充実させると共に、医療保障をはじめとする、経済的な安心を確保しておくことが大切です。

そして、年をとってからも気の合った仲間達と有意義な時間を過ごせるために、老後の生活資金を確実に準備することも欠かせません。

✤シングルウーマンの保険活用術

保険を活用したこんなプランはいかがでしょうか。

①老後生活資金の基礎は「終身年金」で備える。

公的年金で足りない部分を「終身年金」で補います。死ぬまでもらえる年金ですから、たとえ100歳になっても安心です。平均寿命が世界一長い日本女性にぴったりです。たとえ寝たきりになってもお世話してもらう人にお礼ができます。

②老後のお小遣いは「10年あるいは15年確定年金」で準備する。

毎月の生活費というより、元気なうちに楽しむためのお小遣いです。働いている時には忙しくてできなかった事を、退職後の体の元気なうちに実現するための資金です。健康とお金さえあれば、どこにでも行けますし、趣味に没頭することもできます。

③医療保障は、80歳まではしっかり備えたいですね。

高齢になればだれでも病気やケガの心配が出てきます。若い時より治療も長引きます。入院も長期になります。身の回りのことを頼める人がいなければ、ちょっとした事でもお金が必要になってきます。医療保障はしっかり準備をしておきましょう。

こうしておけば、途中で結婚した場合も、年金は全てあなたのお小遣いになりますから、豊かな老後になりますよ。

セールストークは流れ（順番）が大切！

～流れの骨組みを理解して肉付けしましょう～

トーク28 のまとめ

女性の生き方が多様化していますね

↓

結婚しなかった場合のライフプランは，ネットワーク，医療保障，老後保障がポイント

↓

シングルウーマンの保険活用術は
「終身年金」＋「確定年金」＋「医療保障」

トーク29 ワーキングウーマンの退職金作り

✤女性は多額の退職金をもらえる人が少ない

女性は企業に勤めて男性と同じように働いていても、高額の退職金をもらえるケースは意外に少ないのです。公務員や教員の人は男女格差があまりありませんが、民間企業の場合、女性で○千万円の退職金をもらえるケースは本当に少ないのです。どうしてでしょうか。

一般的に1つの企業に長い年月継続して勤めなければ、高額の退職金はもらえません。女性にはそれがなかなか難しいのです。

女性の人生にはいろいろな出来事があります。結婚、出産、子育て、夫の転勤など…。

女性の場合は、なかなか一生涯一つの職場に継続して勤めることができないのが現実です。

ですから、高額の退職金をもらえるケースが少ないのです。

✤自分で自分の退職金を作りませんか

でも、細切れではあっても、合計すればかなりの年月を働いている女性も多いのです。会社から十分な退職金をもらえないのなら、自分で自分の退職金を作りませんか。60歳の時に満期の来る生命保険を使って退職金を作りませんか。

貯金でも作れないことはありませんが、貯金は通帳をいつも見ますので必要なもの、欲しいものがあるとつい使ってしまって、結局目標額を作れないことが多いようです。その点、保険は途中はあまり気にならずに確実にゴールには目標額がおりてきます。もちろん、途中でどうしても必要になった時には、解約もできますし、貸付もできます。

自分の退職金用には養老保険を利用するのが良いと思います。

決めることは3つだけです。

①満期は何歳の時にするのか
②満期金はいくらにするのか
③掛金はどうやって払うか（月払・半年払・年払・一時払・頭金）

60歳の時にいくら欲しいですか？
1000万円準備してはいかがでしょうか。

セールストークは流れ（順番）が大切！

～流れの骨組みを理解して肉付けしましょう～

トーク29 のまとめ

女性は男性と同じように働いても，多額の退職金をもらえるケースが少ないですね

↓

女性は，一生涯一つの職場に継続して勤めることが難しいので，多額の退職金は望めません

↓

ですから，自分で自分の退職金を作りませんか

トーク 30 女性には終身年金が必要です

✤老後の資金計画は長生きする奥さまが考えましょう

日本では女性の寿命の方が男性より約7年も長く、その上、一般的に奥さまの方がいくつか年下のご夫婦が多いので、多くの女性はご主人がいなくなった後のひとりの老後が10年近くあることになります。

ここのところ低金利が続いていますので、銀行に預けてもほとんど増えないからタンス預金にしている人も増えているとか聞きますが、大切な老後の生活資金です。ご主人よりも長生きされる奥さまが、今から老後の資金調達をしっかり計画しておきましょう。

老後の生活費は、たとえ何年後が超低金利時代だったとしても安心できる方法で備えましょう。

✤預貯金は貯めやすいが使い勝手がよくない

「老後資金」＝「預貯金」とお考えの方も多いと思いますが、楽しくのんびりした老後生活を送るために貯めてきたはずの預貯金を、実際には上手に使い切れる方は少ないようです。貯めたお金を上手に使って、楽しい老後を送るのは実はなかなか難しいことのようです。

体の衰えを感じる始めると、先行きの不安を感じて倹約するのだそうです。健康であっても、今度は逆に長生きへの不安から倹約するのだそうです。

一生懸命貯めた老後資金ですが、一体何年間で使い切ればよいのか。これは誰にもわかりません。一見確実な「預貯金」も、使い勝手からみると便利とは言い切れないようです。

✤預貯金は貯めやすいが使い勝手がよくない

「終身年金」をご存じですか。終わりのない年金です。一生涯、生活資金をお届けします。生きている限り、毎年お届けします。だから長生きな女性にはピッタリです。

国の年金も終身年金ですから、国の年金と個人年金の終身年金で生活費を確保しておけば、残りは預貯金にしておいても、そのお金は将来の不安なく自由に使えます。気の合う友達との旅行も、健康のためのスイミングも。思いっきり楽しめます。

「公的年金＋終身年金」＋「預貯金」、

これで老後を楽しめます。

老後が不安だと思ったら「いつまでも届くお花」を予約しておきましょう。

セールストークは流れ（順番）が大切！

～流れの骨組みを理解して肉付けしましょう～

トーク30 のまとめ

多くの女性はご主人を亡くした後の一人の老後が 10年ぐらいあることになりますので，老後の資金計画は奥さまが考えましょう

↓

預貯金は貯めやすいのですが，使い勝手がよくないと言われます

↓

「終身年金」は使い勝手が良く長生きな女性にはピッタリです

[保険ビジネス研究所] のスタンス

[保険ビジネス研究所] は保険や共済の「売り方」を研究している所です。

私どもは、保険や共済セールスの「成功方程式」を作るためのパーツ（部品）を開発・製造している工場だと思っています。「成功方程式」のパーツには、セールストーク、セールステクニック、セールスメソッド、セールスツールなどがあります。

保険や共済セールスの「成功方程式」は誰でも同じではありません。お客さまも違えば、担当者の技術もキャリアも性格も違います。ご自分の「成功方程式」を作るために、気に入ったパーツを選んで組み立てて頂ければと思います。

私どもはより良いパーツ作りに励みますので、皆さまどうぞ、ご自分の事情に合わせてご活用下さい。セールス担当者がパーツをそのままお使い頂いても、マネージャーや教育担当者が加工してお使い頂いても、どんなルートを通って現場にたどり着いたとしても、最終的に現場の皆さまのお役に立つことができれば嬉しく思います。

当社商品のご使用についてのご相談・ご質問は、メール等でお問い合わせ下さい。著作権は保険ビジネス研究所にありますが、できるだけ皆さまのご希望に添える形でお応えしたいと思っておりますので、お気軽にお問い合わせ下さい。ただし、当研究所の意向にそぐわないご使用に関してはご遠慮願きたいと思いますので、通常の使用の範囲を超える場合は、ご一報・ご相談頂きたいと思います。

◎事業内容

各種研修・販売マニュアルの企画制作・販売ツールの企画制作・執筆
（保険の代理店業務はしておりません）

◎お問い合わせ先

保険ビジネス研究所
＜ホームページ＞http://www.hobiken.co.jp/
＜メールアドレス＞info2@hobiken.co.jp
＜TEL／FAX＞050-7501-2718

お客様が思わず納得して契約したくなる
獲れる！　生命保険のセールストーク

2004年11月5日　初版発行
2014年4月1日　7刷発行

著　者　保険ビジネス研究所
発行者　福地　健
発行所　株式会社近代セールス社
〒164-8640　東京都中野区中央1-13-9
TEL 03-3366-2761（代）　FAX 03-3366-7708
印　刷　株式会社三友社
ISBN 978-4-7650-0871-6　2004　hoken business kenkyujo ©